Bibliografische Information der Deutschen Nationalbibliothek:

Die Deutsche Bibliothek verzeichnet diese Publikation in der Deutschen National-
bibliografie; detaillierte bibliografische Daten sind im Internet über http://dnb.d-
nb.de/ abrufbar.

Dieses Werk sowie alle darin enthaltenen einzelnen Beiträge und Abbildungen
sind urheberrechtlich geschützt. Jede Verwertung, die nicht ausdrücklich vom
Urheberrechtsschutz zugelassen ist, bedarf der vorherigen Zustimmung des Verla-
ges. Das gilt insbesondere für Vervielfältigungen, Bearbeitungen, Übersetzungen,
Mikroverfilmungen, Auswertungen durch Datenbanken und für die Einspeicherung
und Verarbeitung in elektronische Systeme. Alle Rechte, auch die des auszugsweisen
Nachdrucks, der fotomechanischen Wiedergabe (einschließlich Mikrokopie) sowie
der Auswertung durch Datenbanken oder ähnliche Einrichtungen, vorbehalten.

Impressum:

Copyright © 2010 GRIN Verlag, Open Publishing GmbH
Druck und Bindung: Books on Demand GmbH, Norderstedt Germany
ISBN: 9783640598878

Dieses Buch bei GRIN:

http://www.grin.com/de/e-book/147928/ns-taeterforschung

Daniel Rahn

NS-Täterforschung

Am Beispiel Robert Ritters

GRIN Verlag

GRIN - Your knowledge has value

Der GRIN Verlag publiziert seit 1998 wissenschaftliche Arbeiten von Studenten, Hochschullehrern und anderen Akademikern als eBook und gedrucktes Buch. Die Verlagswebsite www.grin.com ist die ideale Plattform zur Veröffentlichung von Hausarbeiten, Abschlussarbeiten, wissenschaftlichen Aufsätzen, Dissertationen und Fachbüchern.

Besuchen Sie uns im Internet:

http://www.grin.com/

http://www.facebook.com/grincom

http://www.twitter.com/grin_com

Johann Wolfgang Goethe Universität
Frankfurt am Main
Fachbereich 04/Erziehungswissenschaften

Seminar (WS, 2009/10): Pädagogisch-politischer Umgang mit Minderheiten

Ausarbeitung des Referats zum Thema:
Die Verfolger: Täterforschung, familienbiographische Aspekte

- Am Beispiel Robert Ritters -

Daniel Rahn

Inhaltsverzeichnis:

Einleitung

Auch noch in der heutigen Zeit gehört die Täterforschung von Personen, die dem NS-Regime dienten, zuarbeiteten oder mit ihm sympathisierten zu den wichtigsten, anspruchvollsten, schwierigsten sowie aufwendigsten Aufgaben der Nachkriegszeit. Denn nur mittels der Täterforschung kann man wirksam die NS-Zeit aufarbeiten und die furchtbaren Machenschaften, wie u.a. Ermordungen, Plünderungen bis hin zu den methodisch-planvollen Hinrichtungen von Juden, Sinti und Roma und anderen ethnischen Minderheiten, die nicht als lebenswürdige Rasse erachtet wurden und fast deren Ausrottung zur Folge hatte beleuchten, verstehen und für zukünftige Zeiten verhindern.

Ich möchte zunächst einige Fragen stellen, die ich im weiteren Verlauf versuchen werde zu beantworten, bevor ich zu den beiden zentralen Aufgaben meiner Arbeit komme. Ob mir dies gelingt, hat der Leser zu entscheiden.

Was ist überhaupt Täterforschung? Warum und wie betreibt man sie? Was sind mögliche Schwierigkeiten die sich bei der Täterforschung ergeben / ergeben können?

Um die Frage zu klären wer denn überhaupt die Täter an der Shoah waren, hätte man annähernd jeden Menschen im besetzten Deutschland erst einmal unter Generalverdacht stellen müssen. Es kam zu Massenverhaftungen von ca. 182.000 Menschen in den drei westlichen Besatzungszonen[1]. Im Rahmen dieser Festnahmen kam es dann zu Befragungen, Verhören und schließlich zu 5025 Veruteilungen[2]. In den westlichen Besatzungszonen wurden gegen ca. 2,5 Millionen Menschen Verfahren eröffnet, bei denen rund 54% als Mitläufer, 1,4% als Haupttäter und 0,6% als NS-Gegner anerkannt wurden; bei 34,6% wurde das Verfahren eingestellt[3]. Es konnten sich allerdings auch viele der Täter oder Mitläufer der Inhaftierung entziehen, sei es mit falschem Namen über die so genannten Rattenlinien (einem Netzwerk aus ehemaligen Kameraden)[4] oder wie im Falle Robert Ritters mit einem Persilschein und verschiedensten Leumundszeugen[5].

---

1 Dieter Schenk, „Auf dem rechten Auge blind", Kiepenheuer & Witsch, Köln 2001 auf http://de.wikipedia.org /wiki/Entnazifizierung#cite_ref-DS_0-1
2 Manfred Görtemaker, „Geschichte der Bundesrepublik Deutschland", Fischer (Tb.) Frankfurt 2004, auf http://de.wikipedia.org/wiki/Entnazifizierung#cite_ref-DS_0-1
3 http://de.wikipedia.org/wiki/Entnazifizierung#cite_ref-DS_0-1
4 http://www.zeit.de/2001/06/200106_a-flensburg.xml, „Flensburger Kameraden", Juni 2001
5 Tobias Joachim Schmidt-Degenhard, Robert Ritter (1901-1951). Zu Leben und Werk des NS- „Zigeuner- forschers", Diss. Universität Tübingen, Online-Ausgabe, S. 211, 222

Wie bereits erwähnt, ist die Täterforschung eine der wichtigsten Aufgaben der Nachkriegszeit bis hin zu unserer Generation. Dabei soll die Täterforschung nicht nur dem Verstehen der Taten und deren Hintergründe dienen, sondern auch der Aufarbeitung des gesamten Geschehens des Krieges sowie den daraus zu ziehenden Schlüssen für die Zukunft. Doch die Täterforschung erweist sich oft als sehr schwierig. Matthias Heyl beschreibt im Kapitel „Erziehung nach Auschwitz" – Eine Bestandsaufnahme – die Probleme die sich bei der Täterforschung ergeben können.

„Schweigen und Verschweigen der Eltern bezüglich Ihrer Haltung zum Nationalsozialismus und zur Judenverfolgung, wobei für die Kinder häufig undeutlich blieb, was die Eltern schweigen lässt." [6]

Weitere Probleme, die Heyl benennt, wären die Abwehrhaltung und das Vermeidungsverhalten der Eltern bei Konfrontation mit dem Geschehenen, Verleugnungs- und Umdeutungstendenzen in Gesprächen sowie die Hilflosigkeit, „(…)da man sich ja selbst nicht erklären könne, wie es dazu kommen konnte(…)"[7]. Die Schwierigkeiten, die die Täterforschung begleiten, sind neben den oben genannten, die des ständigen Abstreitens des Geschehenen, ob als Täter, Mitläufer oder Zuschauer, sowie Aussagen wie die, dass nicht die Deutschen die Konzentrationslager erfunden haben, dass Hitler nicht nur Schlechtes, sondern auch Gutes bewirkt hat oder die, dass auch die anderen Verbrechen begangen haben[8].

Eine sinnvolle und effektive Täterforschung konnte somit nicht direkt nach dem Krieg erfolgen, sondern erst Jahre oder Jahrzehnte später, als die Mauern des Schweigens, des Verdrängens und der Verleugnung aufgrund des Druckes und der Fragen der Nachfolgegenerationen oder auch aus eigenen Überzeugungen bzw. Gewissensbissen durchbrochen worden waren.

---

6 Matthias Heyl, „Erziehung nach Auschwitz" – Eine Bestandsaufnahme – In: „Familialer und intergenerationeller Umgang mit der Shoah in deutschen Familien",(nach von Westernhagen 1987) Krämer Verlag, Deutschland, Niederlande, Israel, USA; Hamburg 1997, S. 127
7 Ebenda. S. 127
8 Ebenda. S. 128

Robert Ritters Weg zu einem der führenden Zigeuner- und Asozialenforscher der NS-Zeit

Im folgenden Abschnitt möchte ich kurz Robert Ritters Lebensweg bis zur Machtergreifung Hitlers 1933 skizzieren und beleuchten, um dann auf die Frage eingehen zu können: Was macht oder machte Robert Ritter zum Täter und welche Rolle spielte Eva Justin dabei?

Robert Ritter wurde am 14. Mai 1901 als erstes Kind von Martha und Max Ritter, einem Kapitänleutnant, Offizier zur See, in Aachen geboren. Es folgten zwei Schwestern. Das familiäre Denken war von kaisertreuem und deutsch-nationalem Geiste sowie einem strengen autoritären Erziehungsstil väterlicherseits geprägt[9]. Ritter besuchte nach eigenen Angaben verschiedene Schulen, wie das Gymnasium zu Berlin-Zehlendorf, das Katharinäum zu Lübeck und das Realgymnasium zu Nowawes[10]. Ab 1916 begann die militärische Ausbildung Ritters in der Hauptkadettenanstalt in Berlin-Lichterfelde, die bis 1918 andauerte und ihm die Unterwerfung unter die Befehls- und Ordnungsstruktur mit militärischem Drill lehrte, für die der Vater mit seinem Erziehungsstil den Grundstein legte. Dadurch, so schrieb Tobias Joachim Schmidt-Degenhard, bekam Ritter:

> „(...) seine enorme Selbstdisziplin und der zähe Durchhaltewillen auf wissenschaft-
> lichem Feld – militärisch-preußische Sekundärtugenden, die ihm bei seinen späteren
> erbforscherischen und erbbiologischen Großprojekten zupaß kamen(...)"[11].

1919 schloss sich Ritter dem „Grenzschutz Ost" Freikorps in Schlesien an, bevor er sich den nationalen Jugendbünden im besetzten Rheinland anschloss[12]. Er beschreibt selbst in seinen Lebenserinnerungen, dass er nach der 1920 angefangenen Lehre bei der Deutschen Bank in Koblenz seine sozialen Ideen und Ideale zur „Auswirkung" bringen wollte. In dieser Zeit, so schrieb er, kam seine Energie eher einem „christlichen Hilfsbund" als der Lehre zu gute, weshalb man ihn von der Lehre ausschloss und er dann 1921 sein Abitur ablegte[13]. Es folgten

---

9 Tobias Joachim Schmidt-Degenhard, Robert Ritter (1901-1951). Zu Leben und Werk des NS- „Zigeuner-
forschers", Diss. Universität Tübingen, Online-Ausgabe, S. 30
10 Ebenda. S. 31
11 Ebenda. S. 32ff
12 Ebenda. S. 38ff
13 Brief, Ritters, 1945, S.4 in Tobias Joachim Schmidt-Degenhard, Robert Ritter (1901-1951). Zu Leben und
Werk des NS- „Zigeunerforschers", Diss. Universität Tübingen, Online-Ausgabe, S. 39

in den Jahren 1921 bis 1929 Studien in verschiedenen Städten und in verschiedenen Studiengängen. Hauptsächlich lag der Focus Ritters auf dem Studium der Medizin. Ritter studierte aber ebenfalls Philosophie und Psychologie und hospitierte in den Semesterferien in Landeserziehungsheimen sowie Heilanstalten der Fürsorgeerziehung[14]. Ritter promivierte 1927 an der philosophischen Fakultät der Universität München über das Thema „Versuch einer Sexualpädagogik auf psychologischer Grundlage", welches auch das Thema seiner Doktorarbeit 1927 war. Ziel sollte es sein, Grundlagen einer verstehenden Sexualpädagogik zu erstellen. Seine ärztliche Approbation erhielt er 1929, bevor er 1930 eine weitere Promotion erhielt, diesmal allerdings an der Universität Tübingen. Thema der Promotion war „Die Frage der Vererbung der allergischen Diathese". Durch diese Promotion lässt sich erahnen, dass Ritter nicht nur medizinische, jugend- und heilpädagogische Interessen hatte, sondern sich auch für die Vererbungslehre interessierte. Später konnte ihm das bei der „Zigeuner- und Asozialenforschung" natürlich weiterhelfen. Ritters Ansichten wandelten sich vom heilpädagogisch interessierten Kinder- und Jugendpsychiater, als er 1931 für ca. ein Jahr eine Assistenz-Arztstelle an der psychiatrischen Universitätsklinik in Zürich-Burghölzli annahm, zum eugenischen Sympathisanten und zum späteren Mittäter der NS-Rassenhygiene[15]. Er schrieb selbst:

„So wurde ich während meines ersten Assistentenjahres in der Schweiz ein warmer Freund des eugenischen Gedankens. [...] Als ich Ende April 1932 aus Zürich Abschied nahm, um wieder nach Deutschland zurückzukehren, war ich bekümmert, dass es bei uns noch keine Möglichkeiten gab, nach dem Vorbild der Vereinigten Staaten beziehungsweise dem vieler Schweizer Kantone durch Fortpflanzungsverhinderung sozialärztlich-eugenisch zu wirken."[16]

Ritter argumentiert hier ähnlich wie Ellen Key in ihrem 1902 erschienen Buch „Das Jahrhundert des Kindes", in welchem sie die Fortpflanzung der „höherwertigen" Rassen fördern wollte[17], während die der „minderwertigen" demnach, so gut es geht, vermieden und unterbunden werden sollten[18]. Der Unterschied der Key´schen Wunschvorstellung gegenüber Ritter, ist allerdings der Wunsch nach einem höheren Menschentypus, ohne eine bestimmte

---

13 Brief, Ritters, 1945, S.4 in Tobias Joachim Schmidt-Degenhard, Robert Ritter (1901-1951). Zu Leben und Werk des NS- „Zigeunerforschers", Diss. Universität Tübingen, Online-Ausgabe, S. 39
14 Tobias Joachim Schmidt-Degenhard, Robert Ritter (1901-1951). Zu Leben und Werk des NS- „Zigeuner-forschers", Diss. Universität Tübingen, Online-Ausgabe, S. 268
15 Ebenda. S. 48ff
16 Brief, Ritters 1945 in Tobias Joachim Schmidt-Degenhard, Robert Ritter (1901-1951). (...)
17 Anja Mankel: „Ellen Key: „Das Jahrhundert des Kindes"„Das Recht des Kindes, seine Eltern zu wählen" – Rassistischer Größenwahn oder logische Konsequenz der modernen Lebenswelt?; Grin Verlag ; S.4
18 Daniel Rahn, „Euthanasie und Hilfsschule - Ellen Key als Vorreiterin der Euthanasie", Grin Verlag 2009, S.4

Rasse zu bevorzugen[19].

1933 erwarb er eine besondere Lehrbefugnis bei einem Lehrgang der Sozialhygienischen Akademie Berlin-Charlottenburg, bevor er im August Assistenzarzt an der Universitätsnervenklinik sowie ärztlicher Betreuer des Klinischen Jugendheims der Universitätsnervenklinik Tübingen wurde[20].

Was macht oder machte Robert Ritter zum Täter und handelte er auf Befehl oder eigenständig?

Ritters Mittäterschaft lässt sich schon relativ früh konstatieren, nämlich als er 1934 die Stelle des ärztlichen Leiters der Rassenhygienischen Eheberatungsstelle annahm. Unter anderem war er bzw. die unter seiner Leitung stehende Eheberatungsstelle für die Ausstellungen der Ehetauglichkeitszeugnisse zuständig[21], mit denen u.a. die Fortpflanzung schlechten Erbgutes verhindert werden sollten. Auch Key forderte vor der Eheschließung ein ärztliches Zeugnis, welches beide Partner über mögliche Erbkrankheiten informieren und dadurch die Entscheidung gegen eine „schlechte" Nachkommenschaft erleichtern sollte[22]. Anders als Key, die in erster Linie auf ein eigenständiges Einsehen der Betroffenen setzte, fungierte die Eheberatungsstelle „in einer gewissen Zahl von Fällen auch als Zulieferer für die nazistische Sterilisationspraxis", wie T. J. Schmidt-Degenhard beschreibt[23]. Ziel war es, die vermeintlich erbschlechten Individuen an der Fortpflanzung zu hindern. Dass das Gros der Betroffenen aus den sozial schwächeren Teilen der Bevölkerung kommt und den Staatshaushalt prozentual mehr belastet, ist kein Zufall[24].

Wie kam es jedoch dazu, dass Ritter, der eigentlich Kinder – und Jugendpsychiater war, zum erbbiologischen Rassen – und Zigeunerforscher wurde?

19 Ebenda.
20 Tobias Joachim Schmidt-Degenhard, Robert Ritter (1901-1951). Zu Leben und Werk des NS- „Zigeuner-forschers", Diss. Universität Tübingen, Online-Ausgabe, S. 269
21 Ebenda. S. 74
22 Ellen Key: „Das Jahrhundert des Kindes"; Athenäum Verlag Königstein/Ts. 1978; S. 28
23 Tobias Joachim Schmidt-Degenhard, Robert Ritter (1901-1951). Zu Leben und Werk des NS- „Zigeuner-forschers", Diss. Universität Tübingen, Online-Ausgabe, S. 74
24 Ebenda. S. 77

Eine Antwort lässt sich in seiner Rassentheorie finden, da für Ritter die „Zigeuner" auf einer Art „Kindheitsstufe der Menschheit" stehen geblieben sind[25].

Bevor 1937 seine Habilitationsschrift mit dem Titel „ Ein Menschenschlag - ´Erbärztliche und erbgeschichtliche Untersuchung über die durch zehn Geschlechterfolgen erforschten Nachkommen von Vagabunden, Jaunern und Räubern. Mit 3 teilweise farbigen Erbtafeln´" erschien, wurde er 1936 stellvertretender Amtsarzt mit Tätigkeit als psychiatrischer Gutachter und Sachverständiger beim lokalen Erbgesundheitsgericht (Tübingen). Im Rahmen seiner Habilitationsschrift betrieb er umfangreiche Studien über grundlegende erbbiologische Stammbaumforschung[26], die wohl auch in den folgenden Jahren ihre Anwendung fanden. Seine Schrift griff Urängste der Bevölkerung vor Überhandnahme „asozialer" Bevölkerungselemente auf,[27] und er wollte nicht nur „fachkundiges" Publikum, sondern wohl auch die allgemeine Gesellschaft ansprechen[28]. Damit und mit zahlreichen anderen Publikationen schürte Ritter gewissermaßen Angst, Abscheu und Ausgrenzung sowie Denunziationen der Bevölkerung gegenüber den „Zigeunern".

Ritter und seine Habilitationsschrift wurden von damals gängigen Klischees, wie das der „Dieberei", des „Wahrsagens" und die angeboren Kriminalität, wie sie auch Gerhard Stein[29] beschreibt, beeinflusst. Somit würden die „Zigeuner" dem Volkskörper schaden und außerdem sei ihr tierhaftes Wesen nicht einmal beeinflussbar[30]. Dieser Punkt wird ebenfalls von Ritter aufgegriffen, denn er schreibt: „(…)manche Zöglinge sind infolge angeborener schwerer Entartung und erheblicher geistiger Defekt nicht erziehbar (…)"[31]. Er schreibt weiter: „(…) dass nur eine Trennung der Zöglinge nach psychologischen und ärztlichen Gesichtspunkten diesen großen Übelstand einigermaßen beseitigen kann(...)"[32]. Hier zeigt sich deutlich, dass Ritter auch vor eugenischen Maßnahmen keinen Halt machen würde und seine „(…) Arbeiten und Stellungnahmen und die seiner MitarbeiterInnen, Eva Justin, Sophie Ehrhardt und Adolf Würth waren Grundlagen für den Genozid an Roma und

---

25 Ebenda. S. 185
26 Ebenda. S. 270f
27 Robert Ritter; „Ein Menschenschlag. Erbärztliche und erbgeschichtliche Untersuchung über die durch zehn Geschlechterfolgen erforschten Nachkommen von Vagabunden, Jaunern und Räubern". Mit 3 teilweise farbigen Erbtafeln, Thieme, Leipzig 1937, S. 41
28 Tobias Joachim Schmidt-Degenhard, Robert Ritter (1901-1951). Zu Leben und Werk des NS- „Zigeuner-forschers", Diss. Universität Tübingen, Online-Ausgabe, S. 147
29 Gerhard Stein, „Zur Physiologie und Anthropologie der Zigeuner in Deutschland", in: Zeitschrift für Ethnologie 72 (1940), S. 90
30 Ebenda. S. 86
31 Robert Ritter; „Ein Menschenschlag. Erbärztliche und erbgeschichtliche Untersuchung über die durch zehn Geschlechterfolgen erforschten Nachkommen von Vagabunden, Jaunern und Räubern". Mit 3 teilweise farbigen Erbtafeln, Thieme, Leipzig 1937, S. 152
32 Ebenda.

Sinti(...)"[33]. Mit den „Ergebnissen" seiner Habilitationsschrift, schien endlich bewiesen zu sein , dass „Primitivität", „Gemeinschaftsfremdheit" und soziale Delinquenz eine Art Erbkrankheit seien[34]. Dies wurde von Politikern und Polizei (vermutlich auch bei manch einem Bürger) dankend aufgenommen, woraufhin Himmler 1938 den Runderlass zur "Regelung der Zigeunerfrage aus dem Wesen der Rasse" erließ, welcher einen massiven negativen Einschnitt in des Leben der Sinti und Roma zur Folge hatte und in vielen Fällen zur Deportation führte[35].

Die "Feststellung" der "Zigeuner" - Zugehörigkeit treffe das RSHA aufgrund Ritters "Rassegutachten"[36].

An diesem Punkt lässt sich Ritters Täterschaft eindrucksvoll erkennen. Zwar hat er nicht selber Sinti und Roma ermordet, aber er, seine Mitarbeiter und die dem Reichsgesundheitsamt in Berlin unterstehende „Rassenhygienische und Bevölkerungsbiologische Dienststelle", die er seit 4. August 1936 leitet, haben durch verschiedenste Gutachten, Forschungen und Publikationen den „wissenschaftlichen Beweis" erbracht, dass Sinti und Roma dem Volkskörper schaden. Für die darauf folgenden Erlasse, Enteignungen, Deportationen und Ermordungen sind die Dienstelle, seine Mitarbeiter und vor allem er maßgeblich mitverantwortlich. Des weiteren wird erkenntlich, dass das Vorgehen gegen Sinti und Roma legitimiert wird, und mit Denunziationen in Schulen, Armee, Arbeitsstellen, Ärzten, Krankenhäusern aber eben auch in sozialen Einrichtungen, Ämtern und Gemeinden erfolgreich war. In den meisten Fällen endete dies wohl mit Deportation und Ermordung. Ritter beschreibt selbst, worin das Ziel gesehen werden müsse und welche Maßnahmen (auch eugenische) der Durchführung dienlich sind:

„Dass der alte Gaunerschlag sich durch sozialpolitische und erzieherische Maßnahmen nicht ausrotten ließ, das zeigte sein Auftreten immer wieder dort, wo sich ihm dazu Gelegenheit bot."[37]
„Von Bedeutung waren in dieser Hinsicht nur zwei Maßnahmen – ohne dass man sich natürlich dessen bewusst war -, und zwar waren dies die Todesstrafe und die lebenslängliche Einweisung ins Zuchthaus, denn beide führten über den Wege durch den Fortpflanzungsausfall zu einer Beschränkung des Gaunerschlages."[38]

---

33 http://burgenland-roma.at/soziobgld/Genozid/a41_ritter.htm
34 Tobias Joachim Schmidt-Degenhard, Robert Ritter (1901-1951). Zu Leben und Werk des NS- „Zigeuner-
    forschers", Diss. Universität Tübingen, Online-Ausgabe, S. 182
35 http://burgenland-roma.at/soziobgld/Genozid/a41_ritter.htm
36 http://www.sinti-roma-bayern.de/Chronologie-des-Voelkermords_index7.htm
37 Robert Ritter; „Ein Menschenschlag. Erbärztliche und erbgeschichtliche Untersuchung über die durch zehn
    Geschlechterfolgen erforschten Nachkommen von Vagabunden, Jaunern und Räubern". Mit 3 teilweise
    farbigen Erbtafeln, Thieme, Leipzig 1937, S. 101
38 Ebenda. S. 93

Martin Block hat wohl eine sehr gängige vorherrschende damalige Meinung beschrieben, denn er schrieb, dass die „Zigeuner" ihr Schicksal als naturgegeben hinnehmen[39]. Also sehen - salopp formuliert - die „Zigeuner" ein, dass sie minderwertig sind und - um dem Volkskörper nicht zu schaden - vernichtet werden müssen? Demzufolge bräuchte man sich also keinerlei Gedanken bzw. Sorgen machen oder Schuldgefühle hegen, wenn sie es doch selbst einsehen. Der spätere „Erfolg" des Genozids kumulierte mit solchen Äußerungen, wie die von Martin Block. Zudem wurde er durch den gewaltigen Erfassungsapparat und das sehr umfangreiche Material über Sinti und Roma, welches Robert Ritter und seine Dienststelle in erheblichem Umfang gesammelt haben begünstigt und ermöglicht[40]. Die gesammelten Daten hatten Mitarbeiter der Rassenhygienischen Forschungsstelle Ritters bei der reichsweiten Suche aus z.B. Pfarr- und Bürgermeisterämtern, Privat- und Staatsarchiven oder Polizeiakten zusammen getragen und diese als Grundlage für Erbtafeln verwendet, die wiederum als Grundlage für rassenhygienische Gutachten verwendet wurden[41]. Ritter unterzeichnete mehr als 1300 Gutachten, die die Deportation in Konzentrationslager bedeuteten, während die Forschungsstelle bis März 1943 21.498 „erbbiologisch geklärte Fälle" zu verzeichnen hatte[42] und Ritter mit Stolz verkündete, dass über 9000 „Zigeunermischlinge" in ein Zigeunerlager im Sudetenland konzentriert worden seien[43]. Ritter und seine Forschungsstelle waren also nicht nur in Einzelfällen Täter, sondern haben in Tausenden Fällen am nationalsozialistischen Genozid mitgewirkt. Diese Forschungen geschahen jedoch unter dem Deckmantel der Erforschung des genetischen Milieus der Kriminalität und „Asozialität"[44]. T.J. Schmidt-Degenhard beschreibt Ritters Werdegang und Arbeiten wie folgt:

„Er ist vielmehr vom Rassen- und „Asozialenforscher" zum Bevölkerungs- und Rassenpolitiker und zu einem hochrangigen Medizinfunktionär geworden, der in einflussreicher Position direkte rassenpolitische Steilvorlagen für die übergeordneten Entscheidungsinstanzen des nationalsozialistischen Maßnahmenstaats lieferte"[45].

---

39 Martin Block, „ Zigeuner: ihr Leben und ihre Seele. Dargestellt aufgrund eigener Reisen und Forschungen" Leipzig 1936, S. 60
40 vgl. Tobias Joachim Schmidt-Degenhard, Robert Ritter (1901-1951). Zu Leben und Werk des NS-„Zigeunerforschers", Diss. Universität Tübingen, Online-Ausgabe, S. 187
41 Ebenda. S. 195ff
42 Ebenda. S. 196, nach Archiv für Rassen- und Gesellschaftsbiologie, 35, 1941, Berlin, S. 175 ff
43 Reimar Gilsenbach, „Wie Lolitschai zur Doktorwürde kam", in: Ayaß, Wolfgang / Gilsenbach, Reimar / Körber, Ursula (1988): „Feindererklärung und Prävention. Kriminalbiologie, Zigeunerforschung und Asozialenpolitik", Berlin 1988 (Beiträge zur nationalsozialistischen Gesundheits- und Sozialpolitik; 6), S. 115
44 Tobias Joachim Schmidt-Degenhard, Robert Ritter (1901-1951). Zu Leben und Werk des NS-„Zigeunerforschers", Diss. Universität Tübingen, Online-Ausgabe, S. 197
45 Ebenda. S. 207

Robert Ritter war also nicht mehr nur Arzt, er war Täter. Auch wenn er in der Nachkriegszeit immer wieder betont hat, dass er weder in der Partei war[46], nichts mit der SS oder Gestapo zu tun gehabt hatte[47], war er doch wenigstens Gesinnungsgenosse des nationalsozialistischen Gedankengutes[48].

In seinem Entnazifizierungsverfahren (1946) kam die französische Entnazifizierungsbehörde zu dem Vorschlag: „Verbleiben im Amt" und begründete dies mit folgenden Worten: „Hat bei der Verwaltung der von der deutschen Wehrmacht besetzten Gebiete nicht mitgewirkt"[49]. Um dieses Urteil zu erreichen, führte Ritter eine Reihe von Leumundszeugen auf, wie z.B. alte Weggefährten, Geistliche und sogar KZ-Insassen. Dr. Paul Wiedel schrieb, dass Ritter dem Nationalsozialismus ablehnend gegenüberstand,[50] und der Stadtpfarrer Schaal erwähnte noch einmal, dass Ritter bewusst nicht in die Partei eingetreten war, um sich nicht der Partei-diktatur zu unterwerfen und weitestgehend frei forschen zu können, obwohl ihm dadurch sein Traum einer Universitätsdozentur verwährt bleiben würde[51]. Die wohl am entlastentste Aussage kam von einem ehemaligen Häftling, der schrieb:

> „[...] *Meine persönliche Überzeugung – und man darf gewiß sein, dass ich alle Äußerungen dieser Art als ehemaliger Häftling sehr wohl überlege – dass Herr Dr. Ritter in keiner Weise mit den Machthabern sympathisierte, sondern ihr Gegner war, wird noch erhärtet aus folgenden beiden Tatsachen 1) Herr Dr. Ritter bemühte sich, wie mir bekannt wurde, sofort um die Schreibarbeiten für ältere Pfarrer im KL Dachau, nachdem er von einer evangelischer Pfarrfrau von den Sorgen gehört hatte, die man sich 1942 um die inhaftierten Geistlichen machte. [...] Herrn Dr. Ritter muss es zu Ruhm angerechnet werden, dass er es verstanden hat, in kluger, wirksamer Weise an der Rettung von KL Opfern mitgeschafft zu haben. Die Wohltat eines solchen, stets gefährlichen Unternehmens, kann wohl nur der ganz ermessen, der selbst in dem furchtbaren Existenzkampf um das nackte Leben im KL gestanden hat. [...]"[52]*

Es stellt sich nun allerdings die Frage, ob Ritter aus menschlicher Barmherzigkeit handelte, oder - wie zu vermuten ist - Schreiber brauchte aufgrund der Tatsache, dass die männlichen Mitarbeiter zum Kriegsdienst eingezogen wurden.

Ende 1948 kam es zu einem Ermittlungsverfahren gegen Ritter durch die Frankfurter

---

46 Ebenda. S. 200
47 Brief Ritters an den Dekan der Rechts- und Wirtschaftswissenschaftlichen Fakultät der Universität Tübingen vom 12.3.46. In: UAT 601/6547
48 Tobias Joachim Schmidt-Degenhard, Robert Ritter (1901-1951). Zu Leben und Werk des NS-„Zigeunerforschers", Diss. Universität Tübingen, Online-Ausgabe, S. 208
49 entnommen aus der „Säuberungsakte" Ritters im Staatsarchiv Sigmaringen: HSTA Sigmaringen Wü 13 T 2 Nr. 1600 Az. 10/C/3206 Entnazifizierungsakte betr. Robert Ritter
50 Ebenda.
51 Ebenda. Äußerung von Stadtpfarrer Schaal vom 7.4.1947 sowie die eidesstattliche Erklärung von Pfarrer Dimmler vom 5.5.1947
52 Ebenda. Eidesstattliche Erklärung von Wilhelm Meyer vom 2.5.47

Staatsanwaltschaft aufgrund mehrerer Zeugenaussagen von Sinti und Roma. Die Anklagepunkte waren: Misshandlungen gegen Sinti und Roma, Zwangsterilisationen und die Deportationen von Zigeunern, wo viele den Tod fanden[53]. Das Verfahren wurde allerdings am 6. September 1950 eingestellt mit der Begründung des Oberstaatsanwalts Dr. Kosterlitz:

> *„[...] erhebt sich die Hauptfrage, ob und inwieweit überhaupt den Darstellungen der Zeugen zu glauben ist. Es handelt sich um die grundsätzliche Frage, ob und inwieweit Aussagen von Zigeunern zur Grundlage richterlicher Überzeugungen gemacht werden können. Dabei kann man nicht vorübergehen an der Beurteilung dieses Problems durch die Wissenschaft, und zwar auch schon in der Zeit vor 1933. Was der Beschuldigte hierfür auf Blatt 224-234 unter Bezugnahme auf wissenschaftliche Literatur darlegt, ist von so großer Bedeutung, dass daran nicht vorübergegangen werden kann. Zahlreiche Wissenschaftler haben lange vor 1933 die Anschauung vertreten, dass Zigeuneraussagen grundsätzlich für die richterliche Überzeugungsbildung ausscheiden müssen. [...] Schon seine wissenschaftlichen Veröffentlichungen aus der damaligen Zeit beweisen eindeutig, dass der Beschuldigte sowohl den nazistischen Rassedoktrinen als auch der Anwendung irgendwelcher Gewaltmaßnahmen ablehnend gegenüber gestanden hat."*[54]

Es kam also auch noch in der Nachkriegszeit zu erheblicher Diskriminierung und Stigmatisierung von Sinti und Roma, aufgrund der immer noch in den Köpfen präsenten Bildern der Sinti und Roma.

Abschließend bleibt also festzuhalten, dass Robert Ritter nicht auf Befehl der NSDAP oder den Machthabern handelte, sondern viel mehr aus persönlichem Interesse, Ergeiz und Motivation, den Volkskörper gesund zu erhalten und ihn vor „schädlichem" Einfluss zu bewahren. Auch die Aussagen der auszugsweise oben genannten Leumundszeugen, dass er nicht mit den Machthabern sympathisierte oder sogar gegen sie arbeitete, sind wenig haltvoll, denn warum kam dann dem Ritter´schen Rassenhygieneinstituts eine Schlüsselfunktion zu. Es lieferte die wissenschaftlichen Apologien, das Erfassungsinstrumentarium und schließlich anhand der „gutachtlichen Äußerungen" die strukturellen Grundlagen für den nationalsozialistischen Vernichtungsfeldzug gegen die Sinti und Roma, der in den Genozid führte[55]. Er hätte erkennen müssen, dass gerade in der damaligen Zeit seine Forschungen

---

53 Joachim S. Hohmann, „Robert Ritter und die Erben der Kriminalbiologie „Zigeunerforschung" im Nationalsozialismus und in Westdeutschland im Zeichen des Rassismus", Frankfurt am Main u. Bern 1991 (Studien zur Tsiganologie und Folkloristik; 4), S. 167
54 Ebenda. S. 168
55 Tobias Joachim Schmidt-Degenhard, Robert Ritter (1901-1951). Zu Leben und Werk des NS-„Zigeunerforschers", Diss. Universität Tübingen, Online-Ausgabe, S. 208

fatale Folgen haben würden, hat diese jedoch in Kauf genommen. Noch schlimmer zu bewerten ist jedoch die Tatsache, dass er keinerlei Reue empfand oder seine Schuld eingestand, wohl aus der Überzeugung, richtig gehandelt zu haben und dem deutschen Volk Gutes getan zu haben.

> *„Ich empfand es als eine glückliche Fügung, dass man jetzt diese Arbeit uns anvertraute und nicht irgendwelchen parteiischen Scharfmachern. So konnte ich mich der Hoffung hingeben, dass ich hier einen Ansatzpunkt finden würde, in menschlichem und rechtlichem Sinne auf eine ihrer Eigenart angemessene Behandlung der Zigeuner Einfluß zu bekommen."[56]*

Er benutzte sogar die selben Wörter als er sich um seine berufliche Reinstallation bemühte. Ihm schwebte u.a. die langersehnte Lehrtätigkeit an der Universität, sowie die wiederholte Mitarbeit im aufzubauenden kriminalbiologischen Institut[57] vor.

Es ist natürlich sehr schwierig Täterforschung zu betreiben, denn, wenn alte Weggefährten und Kameraden als Leumundzeugen auftreten und denjenigen in Schutz nehmen, ist es so gut wie unmöglich, eine Täterschaft zu beweisen. Zudem wurden zahlreiche Dokumente und Akten vernichtet - ebenso Zeugen. Den wenigen, die es überlebt haben wird - wie am Beispiel Ritters gezeigt - auch in der Nachkriegszeit kein Glauben geschenkt.

Im Falle Ritters ist es jedoch gelungen, erfolgreich Täterforschung zu betreiben. Es wurde eindrucksvoll bewiesen, dass Ritter nicht nur Mittäter, der auf Befehl handelte, sondern Haupttäter, der aus eigenem Ergeiz und eigener Überzeugung handelte, war, ist und bleibt. Das abschließende Zitat soll nochmalig als Beweis der Ritter´schen Täterschaft dienen.

> *"Das Problem der Unfruchtbarmachung asozialer und antisozialer Psychopathen wird durch Herrn Ritters Forschungen nicht allein erheblich gefördert, sondern auch in bestimmte erfolgsversprechende Bahnen gelenkt."[58]*

---

56 Robert Ritter, 15-seitiges Schreiben in UAT 601/65 oder auch MPIP-HA: Gp 3.6.
57 Tobias Joachim Schmidt-Degenhard, Robert Ritter (1901-1951). Zu Leben und Werk des NS- „Zigeunerforschers", Diss. Universität Tübingen, Online-Ausgabe, S. 218
58 Hermann F. Hofmann, UAT 125/59, Nr. 89

Literaturverzeichnis

- Block, Martin; „Zigeuner: ihr Leben und ihre Seele. Dargestellt aufgrund eigener Reisen und Forschungen" Leipzig, 1936
- Gilsenbach, Reimar; „Wie Lolitschai zur Doktorwürde kam", in: Ayaß, Wolfgang / Gilsenbach, Reimar / Körber, Ursula (1988): „Feinderklärung und Prävention. Kriminalbiologie, Zigeunerforschung und Asozialenpolitik", Berlin 1988 (Beiträge zur nationalsozialistischen Gesundheits- und Sozialpolitik; 6), S. 101-134
- Görtemaker, Manfred; „Geschichte der Bundesrepublik Deutschland"; Fischer (Tb.) Frankfurt 2004; auf http://de.wikipedia.org/wiki/Entnazifizierung#cite_ref-DS_0-1
- Heyl, Matthias; „Erziehung nach Auschwitz – Eine Bestandsaufnahme – In: „Familialer und intergenerationeller Umgang mit der Shoah in deutschen Familien"; Krämer Verlag, Deutschland, Niederlande, Israel, USA, Hamburg 1997
- Hofmann, Hermann F.; im UAT (Universitätsarchiv Tübingen) 125/59, Nr. 89
- Hohmann, Joachim S.; „Robert Ritter und die Erben der Kriminalbiologie „Zigeunerforschung" im Nationalsozialismus und in Westdeutschland im Zeichen des Rassismus", Frankfurt am Main u. Bern 1991 (Studien zur Tsiganologie und Folkloristik; 4)
- Key, Ellen; „Das Jahrhundert des Kindes"; Athenäum Verlag Königstein/Ts. 1978
- Mankel, Anja; „Ellen Key: „Das Jahrhundert des Kindes"„Das Recht des Kindes, seine Eltern zu wählen" – Rassistischer Größenwahn oder logische Konsequenz der modernen Lebenswelt?; Grin Verlag 2005
- Rahn, Daniel; „Euthanasie und Hilfsschule - Ellen Key als Vorreiterin der Euthanasie", Grin Verlag 2009
- Ritter, Robert; „Ein Menschenschlag. Erbärztliche und erbgeschichtliche Untersuchung über die durch zehn Geschlechterfolgen erforschten Nachkommen von Vagabunden, Jaunern und Räubern". Mit 3 teilweise farbigen Erbtafeln; Thieme, Leipzig 1937
- Ritter, Robert; Brief 1945
- Ritter, Robert; Brief an den Dekan der Rechts- und Wirtschaftswissenschaftlichen Fakultät der Universität Tübingen vom 12.3.46 im UAT (Universitätsarchiv Tübingen) 601/6547
- Ritter, Robert; 15-seitiges Schreiben im UAT (Universitätsarchiv Tübingen) 601/65
- Schenk, Dieter; „Auf dem rechten Auge blind"; Kiepenheuer & Witsch, Köln 2001; auf http://de.wikipedia.org/wiki/Entnazifizierung#cite_ref-DS_0-1
- Schmidt-Degenhard, Tobias Joachim; „Robert Ritter (1901-1951), Zu Leben und Werk des NS-Zigeunerforschers"; Diss. Universität Tübingen, Online-Ausgabe
- Staatsarchiv Sigmaringen: HSTA Sigmaringen Wü 13 T 2 Nr. 1600 Az. 10/C/3206 Entnazifizierungsakte betr. Robert Ritter
- Stein, Gerhard; „Zur Physiologie und Anthropologie der Zigeuner in Deutschland" In: Zeitschrift für Ethnologie 72 (1940), S. 74-114

Internet

- http://burgenland-roma.at/soziobgld/Genozid/a41_ritter.htm; Zugriff 21.12.09
- http://de.wikipedia.org/wiki/Entnazifizierung#cite_ref-DS_0-1; Zugriff 21.12.09
- http://tobias-lib.uni-tuebingen.de/volltexte/2008/3487/pdf/Schmidt_Degenhard_Robert Ritter_2008.pdf ; Zugriff 18.01.2010
- http://www.sinti-roma-bayern.de/Chronologie-des-Voelkermords_index7.htm, Zugriff 1.01.10
- http://www.zeit.de/2001/06/200106_a-flensburg.xml, „Flensburger Kameraden", Juni 2001; Zugriff 21.12.09